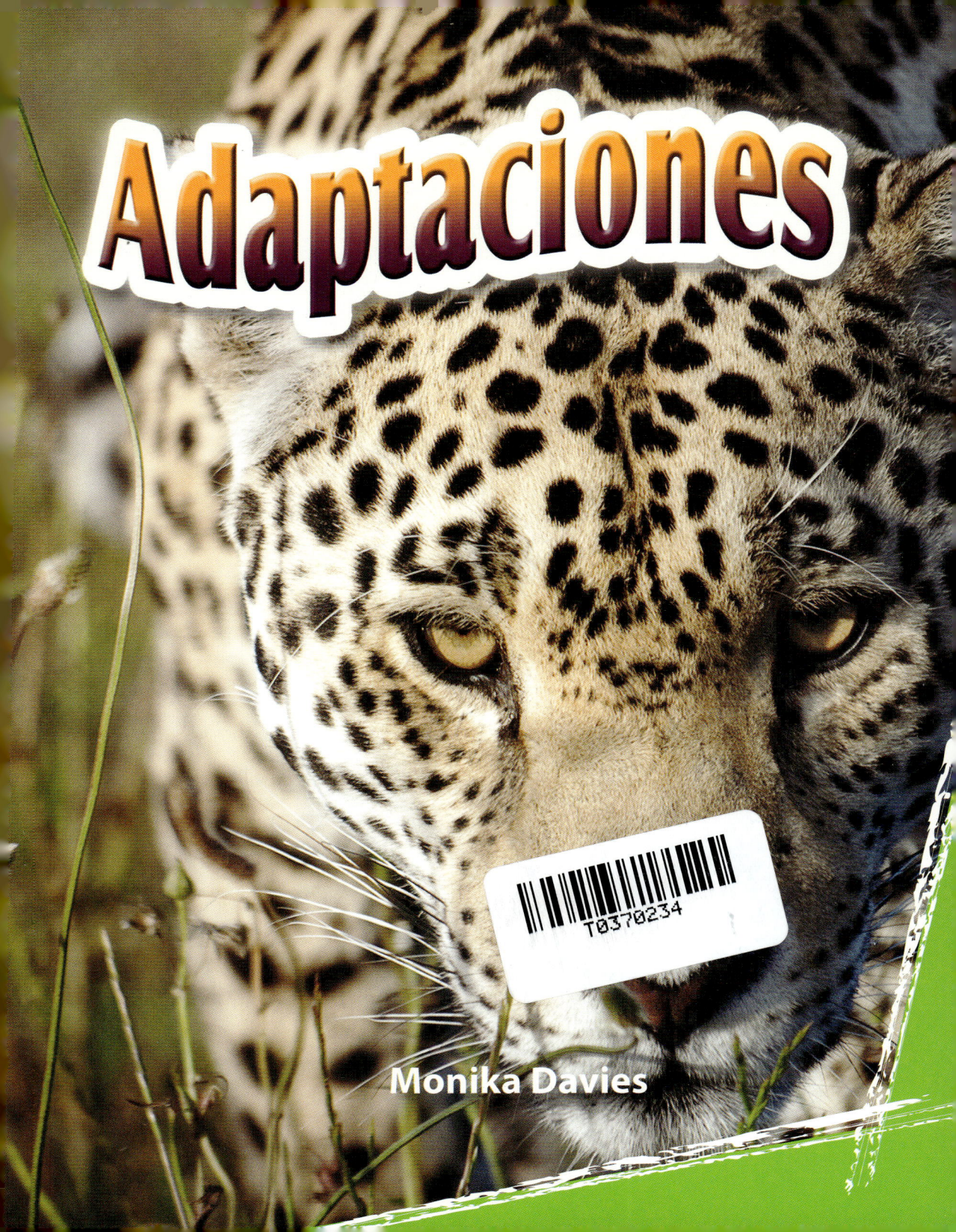

Adaptaciones

Monika Davies

Asesora

Jill Tobin
Semifinalista
Maestro del año de California
Burbank Unified School District

Créditos de publicación

Rachelle Cracchiolo, M.S.Ed., *Editora comercial*
Conni Medina, M.A.Ed., *Gerente editorial*
Diana Kenney, M.A.Ed., NBCT, *Editora principal*
Dona Herweck Rice, *Realizadora de la serie*
Robin Erickson, *Diseñadora de multimedia*
Timothy Bradley, *Ilustrador*

Créditos de las imágenes: Portada, pág.1. ap-images/iStock; pág.21 David Aubrey / Science Source; pág.7 Francesco Tomasinelli / Science Source; págs.2, 4, 5, 9, 10, 12, 13, 15, 17, 18, 20, 21, 22, 26, 27, 32 iStock; págs.28, 29 J.J. Rudisill; pág.23 Konrad Wothe / Minden Pictures /National Geographic Creative; pág.11 Muriel Duhau / Science Source; p.6 Radarfoto / Alamy; pág.25 Thomas Marent/ Minden Pictures/National Geographic Creative; las demás imágenes cortesía de Shutterstock.

Teacher Created Materials
5301 Oceanus Drive
Huntington Beach, CA 92649-1030
http://www.tcmpub.com
ISBN 978-1-4258-4695-4
© 2018 Teacher Created Materials, Inc.

Contenido

Implementar cambios 4

Supervivencia en lo salvaje 8

Reproducción 22

Adaptación al cambio 26

Piensa como un científico 28

Glosario 30

Índice 31

¡Tu turno! 32

Implementar cambios

Todos los seres vivos cambian. Las plantas y los animales atraviesan cambios. ¡Y tú también! Piensa en las maneras en las que has cambiado a lo largo de los últimos años. ¿Has crecido un poco? Algunos cambios se producen rápido y otros con más lentitud. De cualquier manera, estos **rasgos** y la forma en la que cambian son los que te hacen único.

Todos los seres vivos tienen un conjunto de rasgos. Los rasgos son lo que nos diferencian de los demás. Los rasgos incluyen el color de ojos. También incluyen el cabello rizado, ondulado o lacio. Los animales tienen rasgos que incluyen la velocidad, preferencias en la alimentación y hábitos de sueño. Las plantas tienen rasgos que incluyen el color de los pétalos, el tamaño de las hojas y las necesidades de temperatura. Los rasgos se transmiten de generación en generación. Estos rasgos pueden cambiar con cada generación para ayudar a la supervivencia de los seres vivos.

Olores felices

Los bebés han desarrollado una manera sorprendente y única de asegurarse la atención: mediante el olor. El olor de los bebés activa una parte del cerebro de las mujeres que está relacionada con los antojos. Su cerebro reacciona a los bebés del mismo modo en el que reacciona cuando tiene un antojo de comida.

En 1835, Charles Darwin fue la primera persona en estudiar la selección natural.

Adaptación

A veces el entorno de los animales cambia. Es importante que se **adapten** a sus nuevos entornos. Un incendio, una inundación o algún otro desastre natural pueden cambiar el hogar de un animal. El animal debe adaptarse para vivir en este nuevo entorno. Si no lo hace, no sobrevive.

Las **especies** cambian lentamente por las mutaciones y por la selección natural. Mediante este proceso, las plantas y los animales que son capaces de adaptarse sobreviven y los que no, mueren. Piensa en una jirafa. Las jirafas de la antigüedad tenían el cuello corto como otros animales. Pero con el paso de los años, las jirafas con cuello más largo pudieron alcanzar más comida de la parte superior de los árboles. Estas producían más **crías** que las jirafas de cuello corto, y sus crías también tenían el cuello largo. Esta adaptación las ayudó a sobrevivir.

Cuerpo y mente

Una adaptación física es un cambio que afecta el cuerpo de un organismo. Una adaptación conductual es un cambio en los hábitos del organismo, o en sus maneras de hacer algo.

En busca de un nicho

Es importante que los organismos encuentren un hogar apto para sus rasgos individuales, que cumpla con sus necesidades. Si no lo hacen, podrían morir. Sus cuerpos encontrarán la manera de sobrevivir en sus **hábitats**. Los organismos deben encontrar un **nicho** en su entorno. Podría ser fácil encontrar alimento en un lugar, pero no agua. Los organismos deben adaptarse y encontrar la manera de encontrar agua. Estas adaptaciones los ayudan a sobrevivir. ¿Recuerdas las antiguas jirafas? Las de cuello más largo podían alcanzar las hojas de los árboles más altos. Transfirieron este rasgo especial del cuello largo a sus crías. Este rasgo ayudó a la siguiente generación a adaptarse a su nicho.

Los organismos tienen rasgos diferentes que pueden cambiar para garantizar la supervivencia. Una adaptación podría ayudar a un animal a encontrar alimento o permitirle esconderse de los **depredadores** con más facilidad. Podría mantener al animal cálido o ayudarlo con la reproducción. Las adaptaciones permiten la supervivencia de los seres vivos.

Un truco genial

La mayoría de los peces mueren cuando el agua en sus células se congela. Pero los peces del océano Ártico se han adaptado a las aguas heladas. ¡Tienen una especie de anticongelante en sus células que impide que se congelen!

trucha ártica

6

Introducción a la ecología

Muchas personas creen que el hábitat y el nicho de un organismo son la misma cosa. Pero no lo son. Los hábitats son los lugares donde viven las plantas y los animales. Un nicho es la parte del hábitat que proporciona lo que la planta o el animal necesitan para vivir y sobrevivir. El hábitat sustenta muchas especies. El nicho sustenta solo una especie.

Supervivencia en lo salvaje

Las adaptaciones permiten que los organismos sobrevivan en la Tierra. Toda criatura viva tiene un conjunto único de rasgos que les hace la vida un poco más fácil. Pero no quiere decir que la supervivencia sea fácil.

Pies fabulosos

A medida que crecemos, aprendemos cosas nuevas. Una de las primeras cosas que los seres humanos aprenden a hacer es caminar. Los pies están especialmente diseñados para darnos equilibrio y trasladarnos. Pero todas las criaturas vivientes tienen pies diferentes. Los hábitats son distintos. Y los pies se han adaptado entre las especies para encajar en su entorno.

Los osos polares no son la excepción. Estos majestuosos animales tienen las patas adaptadas para los entornos fríos. La parte inferior de sus patas está cubierta de pelos. Esto los mantiene cálidos. También tienen largas garras que los ayudan a caminar sobre el hielo e impiden que se caigan. Los osos polares tienen patas grandes que son perfectos para su enorme cuerpo. Permiten que el peso del animal se distribuya a lo largo de más espacio, lo que impide que el hielo se quiebre. ¡Sus patas son como zapatos para la nieve!

La ardilla tiene garras para poder trepar por los árboles de forma rápida y eficiente.

Recorre tu camino

Los animales se adaptan físicamente a su entorno con los tipos de patas que tienen.

Los gatos y los perros tienen una postura digitígrada. Eso significa que los huesos de sus patas se adaptaron para que puedan pararse y echar el peso sobre sus dedos. Esto los ayuda a correr para cazar su presa. Algunas presas, como los cerdos y ciervos, también tienen esta adaptación que los ayuda a huir de los depredadores.

Los patos tienen patas palmeadas. El hecho de que sean palmeadas los ayuda a nadar. Los patos usan sus patas palmeadas como remos para empujar el agua.

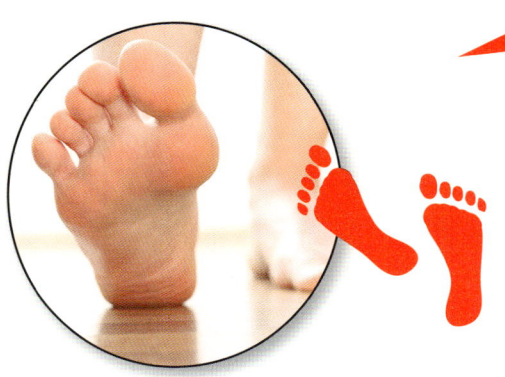

Los seres humanos, osos y zorrillos son plantígrados. Los animales plantígrados caminan con la planta del pie tocando el suelo. Los animales con esta adaptación generalmente no necesitan la velocidad de otros animales. Pero se benefician de esos pies más grandes que soportan su peso y les brindan estabilidad.

Buenos nadadores

No todos los animales viven en la tierra. Hay algunos animales que viven completamente bajo el agua. Estos animales se adaptaron a su hábitat mojado.

Los tiburones blancos son depredadores naturales que viven bajo el agua. Al igual que otros peces, los tiburones tienen una aleta dorsal en la espalda. Esta los mantiene estables y en equilibrio. ¡Es particularmente importante cuando el tiburón se apresura para atrapar a su presa!

Los tiburones blancos también tienen branquias en ambos lados del cuerpo. Las branquias son orificios que inhalan el oxígeno y exhalan el dióxido de carbono. Así es como pueden respirar bajo el agua.

Algunos animales, como los pingüinos, pueden caminar y nadar. Las patas de los pingüinos son palmeadas como aletas. Esto los ayuda a moverse con rapidez en el agua y a caminar por la tierra.

¡Los pingüinos pueden impulsarse fuera del agua y salir disparados varios pies por el aire!

La practicidad de nadar

El pez mano tiene una manera única de moverse. Aunque nada como los demás peces, también desarrolló aletas que le permiten caminar por el suelo oceánico. Esta adaptación lo ayuda a cazar las criaturas pequeñas que come.

pez mano

Alto vuelo

Hay otro lugar en el que puedes encontrar animales: ¡el cielo! Los animales que vuelan por encima de nosotros se adaptaron a la vida en el aire de maneras maravillosas.

Las aves vienen en muchas formas, tamaños y colores. Estas son todas adaptaciones físicas que las ayudaron a sobrevivir. Las aves tienen alas que baten hacia arriba y hacia abajo. Elevan sus cuerpos en el aire. Las alas son importantes para un ave, pero no es la única adaptación que necesitan para volar. Las aves también tienen huesos huecos. Las hace más livianas. Tal vez notaste que, por lo general, las aves están cubiertas de plumas. Las plumas son livianas pero fuertes y resistentes. Estas adaptaciones le exigen al ave menos energía para volar y le permiten recorrer distancias más largas.

Si observas con atención las aves, notarás que tienen colas muy interesantes. Son como el timón de un bote. Esto las ayuda a cambiar de dirección con rapidez. ¡El cuerpo de un ave está perfectamente adaptado para volar!

Dedos como alas

El premio a las alas más inusuales se lo llevan los murciélagos. Los murciélagos tienen dedos grandes unidos por una membrana de piel. Esto les otorga más control de sus alas flexibles y les permite hacer giros y dar vueltas pronunciadas.

Una siesta en pleno vuelo

¡El albatros tiene alas que pueden extenderse hasta 3.5 metros (11 pies)! Estas aves impresionantes solo pueden volver a la tierra cada dos o tres años. Durante casi toda su vida, sobrevuelan el océano. Los albatros pueden dormir mientras vuelan.

Los colibríes pueden volar hacia atrás.

Sobrevivientes del desierto

Los desiertos son calientes, secos y con viento. La supervivencia puede ser difícil. Las plantas y los animales del desierto cuentan con adaptaciones especiales que los ayudan a vivir en este difícil entorno. Los camellos tienen cejas espesas y pestañas largas que protegen los ojos. ¡También tienen fosas nasales que pueden abrirse y cerrarse para evitar que entre la arena!

Las plantas también se han adaptado a la vida en este entorno extremo. Todas las plantas necesitan agua para sobrevivir. Las plantas del desierto han desarrollado maneras únicas de obtener agua. La mayoría de los cactus tiene raíces largas. Pero no crecen en lo profundo de la tierra. Más bien, las raíces permanecen cerca de la superficie. De esta manera, las raíces pueden absorber hasta la más mínima cantidad de lluvia.

El monstruo de Gila almacena grasa en su gruesa cola para usarla como una fuente de alimento alternativa.

¿Qué hay en la joroba?

¿Sabías que la joroba en el lomo del camello almacena grasa, no agua? ¡Eso les permite a los camellos sobrevivir hasta dos semanas sin tener que comer o beber!

Algunas plantas que viven en el desierto tienen hojas brillantes que reflejan el calor del sol para mantenerse frescas.

Cazadores

Sabemos que es importante que los animales coman. Pero los animales no pueden ir al supermercado a comprar su comida como lo hacen los seres humanos. En cambio, los animales tienen que encontrar su propio alimento para sobrevivir. Algunos animales, como los leones, son **carnívoros**. Los carnívoros comen carne. Para sobrevivir, los carnívoros deben ser fuertes cazadores.

Los tigres son hábiles cazadores. Son muy inteligentes y usan el cerebro para cazar su presa. Pueden monitorear la dirección del viento para evitar que la presa los huela. También tienen buena audición y pueden oír sonidos muy suaves. Esto los ayuda a centrar la atención en la posible presa. Luego, atacan.

La venus atrapamoscas es una planta que come carne. Las hojas están cubiertas con pequeños pelos que hacen que las hojas se cierren cuando un insecto los toca.

Una invitación peligrosa

Los animales han desarrollado sorprendentes maneras de atrapar su presa. Las arañas tejen grandes telarañas que son casi invisibles, ¡hasta que quedas atrapado adentro!

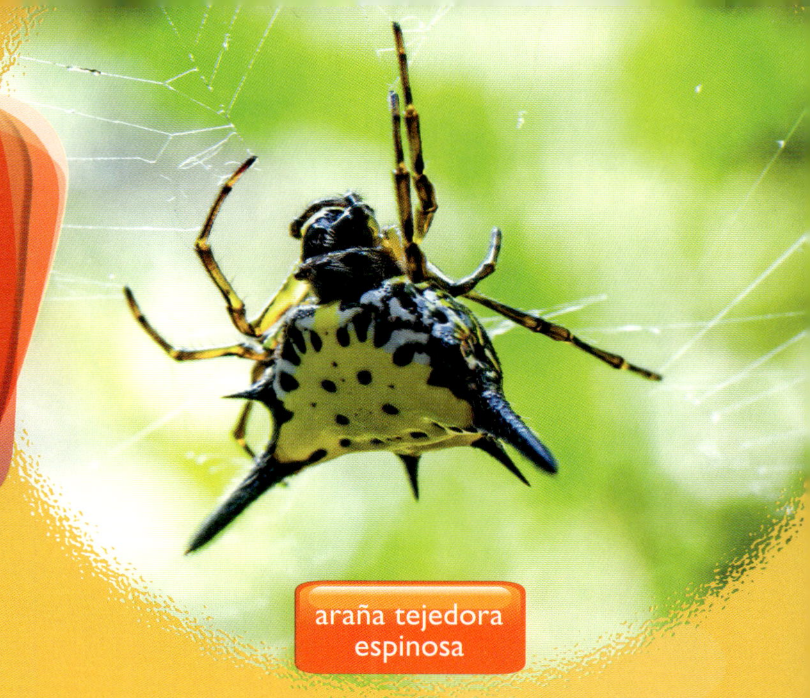

araña tejedora espinosa

Los lobos grises también son depredadores. Cazan en manada, que es una adaptación conductual. Al trabajar en conjunto, los lobos grises pueden atacar a animales mucho más grandes que ellos mismos. Usualmente atacan de lado o por detrás, y atrapan a la presa desprevenida.

Los búhos cazan por la noche. Tienen una vista muy aguda que les permite ver el movimiento en la oscuridad. ¡Sus ojos son el doble de sensibles que los nuestros! Al igual que la mayoría de los carnívoros, tienen garras afiladas. Estas los ayudan a desgarrar el alimento.

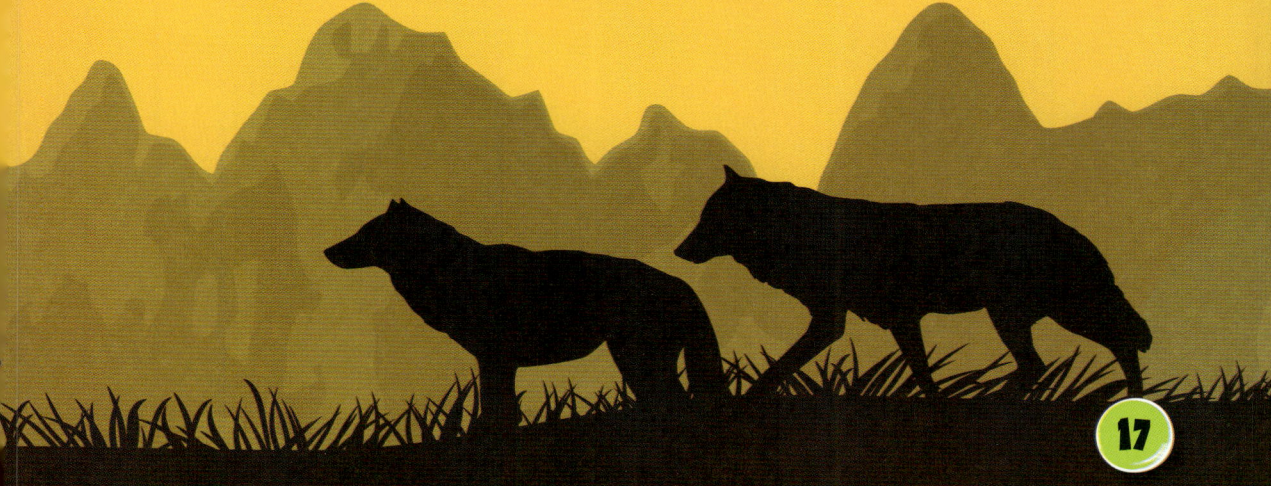

Bromistas camuflados

Las plantas y los animales han encontrado maneras inteligentes de ocultarse de los depredadores. Una de estas maneras es al combinarse con el entorno para camuflarse. Las criaturas tienen diferentes maneras de camuflarse. Algunas hasta cambian el color o la textura de la piel.

Los pulpos son los maestros de esta técnica. Son daltónicos. Pero pueden combinar el color, el patrón y la textura de su piel con las rocas circundantes. Esta habilidad les permite verse como el entorno para que a los animales más grandes se les dificulte verlos. Esto los ayuda a cazar su presa sin ser detectados.

Algunos conejos, como la liebre americana, tienen un pelaje que cambia de color con cada estación. En el verano, el pelaje es marrón. En invierno, el pelaje es blanco para combinarse con el paisaje nevado. Los depredadores tienen dificultades para encontrarlos.

Ahora me ves, ahora no me ves

Los jaguares viven en la capa inferior del bosque tropical. El color de las hojas en esta área coincide con su pelaje y les permite pasar desapercibidos.

¡Está viva!

Las plantas también usan el camuflaje para protegerse. Un ejemplo es la planta lithops, más conocida como "piedras vivas". Tal como el nombre lo sugiere, esta planta parece una piedra y se camufla en su entorno. Dificulta que los animales la encuentren y se la coman.

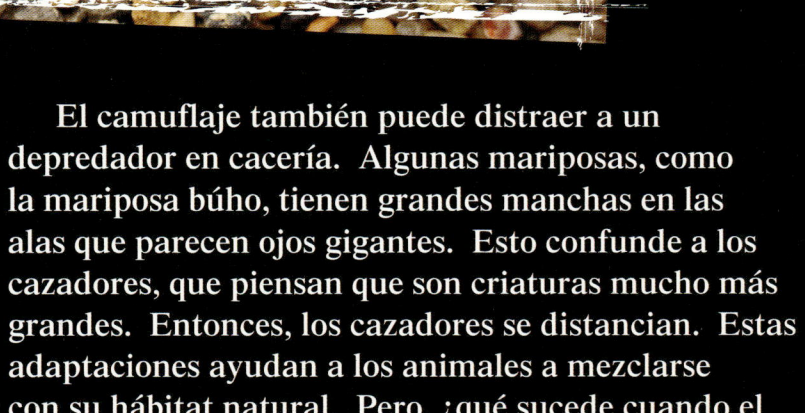

El camuflaje también puede distraer a un depredador en cacería. Algunas mariposas, como la mariposa búho, tienen grandes manchas en las alas que parecen ojos gigantes. Esto confunde a los cazadores, que piensan que son criaturas mucho más grandes. Entonces, los cazadores se distancian. Estas adaptaciones ayudan a los animales a mezclarse con su hábitat natural. Pero, ¿qué sucede cuando el hábitat cambia? El camuflaje es específico del hábitat de este animal y sería inútil en otra parte.

camarón coral

Los camaleones no cambian el color para mezclarse con el entorno, cambian de color según su humor.

Amigos del buen clima

Cuando afuera hace frío, usas un buen abrigo. Pero los animales no pueden usar abrigos. Deben adaptarse al **clima** de su entorno para sobrevivir.

Según la ubicación en la que vive el animal, el clima puede ser frío helado o extremadamente caliente. Las adaptaciones varían según el animal y su hábitat. Los zorros árticos viven en climas muy fríos. Tienen capas de piel espesa que los protege de las condiciones heladas. Pueden sobrevivir en temperaturas tan bajas como -50 °C (-58 °F).

zorro ártico

En busca de la frescura

La rana africana se entierra a sí misma en el lodo y hace un capullo con mucosidad para protegerse del calor. Esto se denomina *estivación*. Durante la estivación, duerme un sueño profundo. ¡Puede pasar años en ese estado!

rana africana

Las criaturas marinas también necesitan estar abrigadas. Las ballenas y las focas tienen una capa de grasa llamada *grasa de cetáceo* que las ayuda a **aislar** el cuerpo. Esta capa de grasa ayuda a estos habitantes del mar a permanecer a flote, o a poder flotar.

No todos los animales tienen el pelaje grueso y una capa de grasa. Pero eso no quiere decir que no pueden estar cálidos. Deben usar su cerebro, o **instintos**, para sobrevivir. Por ejemplo, muchos tipos de aves migran. Viajan al sur durante el invierno, a un lugar más cálido. Luego, cuando los meses del verano traen climas más cálidos, regresan a casa.

¡No se congelen!

Muchos animales de sangre fría, como algunos lagartos, se han adaptado para sobrevivir en temperaturas heladas. Para evitar que el agua en la sangre se congele, el cuerpo agrega más azúcar y glicerol, un alcohol azucarado, a la sangre.

Reproducción

Una especie debe reproducirse para seguir existiendo. La reproducción es el proceso por el cual un organismo produce crías. Los animales eligen sus **parejas** con base en sus rasgos más deseables. Para la presa, este podría ser el animal con el mejor camuflaje o el que trepe más alto. Para los depredadores, este podría ser el animal con los dientes más afilados, o el más agresivo. Los rasgos más deseables son transmitidos a las crías.

Cuando un animal ha elegido su mejor pareja, debe atraerla. Algunos animales atraen a sus parejas de maneras muy interesantes. El pavo real macho les muestra sus coloridas plumas a las hembras. A cambio, las hembras saben que los machos están listos para aparear. Las hembras tienen plumas más modestas, que se camuflan para poder mezclarse con el entorno mientras protegen a sus crías.

Puros graznidos

Los pingüinos atraen a sus parejas haciendo sonidos fuertes. Los pingüinos macho permanecen en un lugar y comienzan a gritar. Cuando las hembras los encuentran, se paran uno frente a otro y hacen una reverencia. ¡Una pareja se ve solo una vez al año en la época de apareamiento!

Las plantas que dan flores también se reproducen para transmitir los rasgos más útiles a la siguiente generación. Sin embargo, las plantas no se aparean. En cambio, se **polinizan**, generalmente con la ayuda de los insectos. Muchas flores tienen pétalos de colores brillantes para atraer a los insectos. Junto con los insectos, el viento y el agua ayudan a mover el polen de una flor a la otra. Cuando el polen se mueve de una flor a otra de la misma especie, puede comenzar la reproducción.

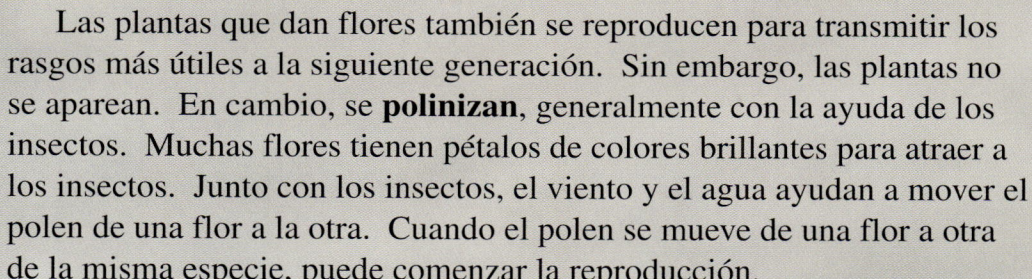

Pájaro diseñador

El ave del paraíso macho atrae a su pareja construyendo y decorando una pequeña choza. Luego, el pájaro la decora con flores, hojas y hasta las heces de las orugas, ¡que para un pájaro son muy atractivas! Para asegurarse de ganar a la hembra, y de que nadie más lo haga, destruye las chozas de otros machos en su tiempo libre.

Los animales han desarrollado maneras de proteger a sus crías. Estas adaptaciones son fundamentales para la supervivencia de la especie. Garantizan la supervivencia de los recién nacidos. Los seres humanos protegen y cuidan a su cría hasta que esta crece y puede cuidar de sí misma. Sin embargo, algunos organismos le prestan muy poca atención a sus crías. Las ranas y las tortugas abandonan sus huevos inmediatamente después de ponerlos. Ponen muchos huevos a la vez, dejando abierta la posibilidad de que algunos sobrevivan sin ayuda. Muchos insectos tampoco protegen o cuidan a sus crías. Los insectos jóvenes dependen de su hábitat para obtener todo lo que necesitan para sobrevivir.

A diferencia de los insectos, los mamíferos y las aves dependen de sus padres para sobrevivir. La mayoría de los mamíferos jóvenes son incapaces de conseguir alimento sin ayuda. Las madres proporcionan a sus crías los nutrientes a través de la leche. Así, mantienen a los bebés saludables y satisfechos.

Los elefantes nacen ciegos. Estas crías dependen de su madre y la manada para la protección. La manada cuida a las crías. Entonces, la madre come abundante alimento para producir leche para la cría. ¡Criar un elefante es un trabajo de equipo!

Guardería de aves

Las aves hacen grandes esfuerzos por proteger a sus crías. Encuentran un lugar seguro donde construir un nido sólido que albergue a sus polluelos.

Nene de mamá

La cría de orangután no se separa de su madre durante los primeros meses de vida; ¡nunca rompe el contacto! La madre amamanta al bebé hasta que tiene unos cinco años de edad. Debido a que los orangutanes solo pueden tener bebés cada seis a siete años, la madre y el bebé pasan mucho tiempo juntos.

Adaptación al cambio

Las adaptaciones se producen lentamente a lo largo de las generaciones. Los camellos se han adaptado a la vida en los ambientes secos y calientes. Sus rasgos los ayudan a sobrevivir.

Pero, ¿qué sucede si el entorno de un organismo cambia? Las cosas cambian todo el tiempo. Los bosques son talados. El clima cambia. Cuando esto sucede, los organismos pueden permanecer y adaptarse o pueden abandonar el lugar y encontrar hogares nuevos que serán más aptos para sus necesidades. Si no pueden hacer ninguna de estas cosas, no podrán sobrevivir.

Cuando los organismos se adaptan a sus nuevos entornos, deben encontrar nuevas maneras de sobrevivir. Deben encontrar su nicho. Pueden adaptarse mediante cambios físicos. Pueden adaptarse mediante cambios conductuales. Desde una pequeña hormiga en tu jardín hasta un solitario jaguar en la jungla, todos los animales dependen de las adaptaciones. Los organismos siempre deben estar preparados para adaptarse al cambio. Aceptar el cambio los ayuda a sobrevivir.

Rinoceronte de Java

Los cazadores furtivos matan a los rinocerontes de Java para obtener sus cuernos. Este es un factor que ha colocado al animal en la lista de especies en peligro de extinción.

Tiempos de cambio

Durante siglos, los seres humanos hemos cambiado los entornos en los que viven los animales. Talamos los bosques y arrojamos basura en el hogar de los animales. Muchos animales no pueden adaptarse con la rapidez suficiente para sobrevivir a las condiciones difíciles. Estas son algunas de las maneras en las que puedes ayudar:

- Visitar un parque nacional para aprender más sobre las especies de plantas y animales.
- Plantar un árbol.
- Sumarte a un grupo de preservación de la vida silvestre.
- Plantar plantas nativas.
- Reducir, reutilizar y reciclar.

tarsero

La tercera parte de los anfibios en Estados Unidos enfrentan la amenaza de la extinción.

Qué conseguir

- 2 bolsas de plástico de un galón de capacidad
- agua
- cinta plateada
- cubos de hielo
- cuchara
- manteca
- recipiente grande o balde

Qué hacer

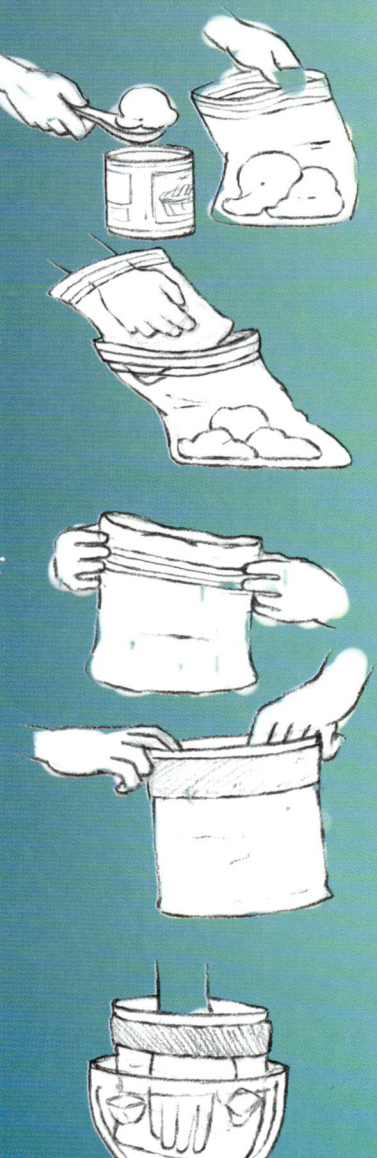

1. Llena el recipiente con agua fría hasta la mitad. Agrega los cubos de hielo.

2. Llena una bolsa de plástico con tres a cuatro cucharadas de manteca.

3. Pon tu mano dentro de la otra bolsa de plástico. Coloca la mano "enguantada" en la bolsa con manteca. Aprieta y alisa la manteca alrededor de tu mano hasta que la hayas cubierto por completo.

4. Con cuidado, saca la mano de ambas bolsas. Toma la bolsa que estaba más adentro y dóblala sobre la parte superior de la bolsa externa. Pega con cinta ambas bolsas de manera que la manteca no pueda salir de la bolsa.

5. Vuelve a poner la mano en la bolsa más interna. Con cuidado, coloca la mano que tienes cubierta en el agua helada.

6. ¿Cómo se siente tu mano? Ahora, pon tu otra mano en el agua. ¿Qué mano se mantiene caliente por más tiempo?

Glosario

adapten: cambien de forma para que sea más fácil vivir en un lugar en particular

aislar: evitar la pérdida del calor

carnívoros: seres vivos que solo comen carne

clima: el estado usual del tiempo en un lugar

crías: hijos de una planta o un animal

depredadores: animales que viven de matar a otros animales y comérselos

especies: grupos de animales o plantas que son similares y que pueden producir animales o plantas jóvenes

hábitats: lugares donde normalmente crecen las plantas o los animales

instintos: formas de comportarse, pensar o sentir que no se aprenden

nicho: el entorno que cuenta con todas las cosas que una planta o un animal en particular necesitan para sobrevivir

parejas: animales que producen cría juntos

polinizan: dan a una planta el polen de otra planta del mismo tipo para que se produzcan las semillas

rasgos: cualidades que hacen que los seres vivos sean diferentes unos de otros

Índice

adaptación conductual, 5, 17, 26

adaptación física, 5, 12

camuflaje, 19, 22

carnívoros, 16–17

depredadores, 6, 9–10, 17–19, 22

grasa de cetáceos, 21, 28

instintos, 21

migran, 21

nicho, 6–7, 26

presa, 9–10, 16–18, 22

rasgos, 4, 6, 8, 22–23, 26

reproducción, 6, 22–23

selección natural, 4–5

¡Tu turno!

Adaptaciones útiles

Descubre qué se siente tener el pico de un pájaro o las garras de un gato. Intenta tomar cosas como cereal, lechuga y agua con herramientas como un gotero, una cuchara o unas pinzas. ¿Con qué herramientas te resultó más fácil agarrar las cosas? ¿Qué herramienta es mejor para cada cosa?